Le châte

MW01679046

Évelyne Reberg habite en Côte-d'Or. Professeur de lettres, puis bibliothécaire, elle est auteur de nombreuses histoires pour enfants. Publiée régulièrement par les revues de Bayard Presse, elle a également écrit des ouvrages édités chez Duculot, Hatier, la Farandole, L'École des loisirs, Le Seuil, Nathan et Flammarion (Castor Poche).

Du même auteur dans Bayard Poche :
Le dragon chanteur (Les belles histoires)
C'est la vie Julie - La vieille dame et le fantôme - Les Lili Moutarde - Un diable au garage Grog - La bibliothèque ensorcelée - Berlingot a disparu - La belle endiablée - Crapotin - P'tit Jean et la sorcière - L'auto fantôme - Hurlenfer - Les cinq fantômes - Bouboul Maboul - L'arbre aux secrets - Le sifflet du diable - Ma mémé sorcière (J'aime lire)

Nadine Soubrouillard est née en 1961. C'est à l'école des Arts décoratifs de Strasbourg qu'elle affine sa palette et devient illustratrice. Aujourd'hui elle dessine pour les petits et les grands. Ses ouvrages sont parus chez Fleurus, Nathan, Rouge et Or, Casterman, Bordas et Milan.

© Bayard Éditions Jeunesse, 1995
Bayard Éditions est une marque
du département Livre de Bayard Presse
Tous les droits réservés. Reproduction, même partielle, interdite.
ISBN 2. 227. 72297. 5

Le château hanté

Une histoire écrite par Évelyne Reberg
illustrée par Nadine Soubrouillard

Cinquième édition

BAYARD POCHE

1

Offre exceptionnelle

Chaque année, Charles venait passer ses grandes vacances chez sa mémé Adèle. Elle habitait en ville, dans un tout petit studio, et pourtant la vie auprès d'elle était belle comme dans un film. Charles et Mémé flânaient dans les rues, allaient au cinéma, à la piscine…

Mais cet été-là, quand Charles arriva, Mémé avait l'air soucieuse. Elle annonça qu'elle était si fatiguée qu'elle ne pourrait plus se promener, et elle soupira :

– Mon pauvre petit, tu vas t'ennuyer…

– Ne t'en fais pas, lui dit Charles. Quand on a une mémé comme toi, on est toujours en forme.

Pourtant, Mémé ne cessait d'observer son petit-fils, à la dérobée*. Elle marmonnait :

* Cela veut dire en cachette.

– Il tourne en rond, il s'ennuie, j'en suis sûre. Et puis, il est si pâle…

Alors un jour, elle décida :

– Je vais louer une maison à la campagne.

– Tu n'as pas assez d'argent, Mémé.

– Quand on veut, on peut ! déclara Mémé.

Et tous les matins, elle se mit à lire les petites annonces du journal. Hélas ! les maisons « en bon état » ou « bien situées » étaient vraiment trop chères.

– Attendons, disait Mémé. Quelqu'un nous proposera peut-être son hangar ou sa cage à lapins…

Et puis un jour, elle brandit le journal et lut sur un ton de triomphe :

Offre exceptionnelle !
Château, 25 pièces,
location gratuite et sans limite
calme complet.

Attention ! Habitation légèrement hantée par ancien propriétaire, Auguste Terreur, poète étrangleur devenu fantôme à sa mort. Peureux et cardiaques s'abstenir.
Château des Trois Pendues,
Hameau des Cris Sauvages,
11111 Sainte-Terreur-en-Plaine.

Mémé s'exclama :

– Vingt-cinq pièces ! Tu te rends compte ? Et c'est gratuit !

– Voyons, Mémé, bredouilla Charles. Tu... tu as bien lu ?

Mémé se mit à rire :

– Un fantôme ? Ce serait trop beau, n'est-ce pas, Charles ?

Le jour suivant, tout fut réglé. Mémé courait partout, très affairée :

– Vite ! Ferme ton sac ! Moi, il ne faut pas que j'oublie mon maquillage, ni ma théière ! Il ne faut emporter que le strict nécessaire. Vite ! Vite ! Notre car part dans une heure.

2

Chahut dans la nuit

Quelles vacances, mais quelles vacances se préparait Mémé ! À leur arrivée à Sainte-Terreur, Charles frissonna. Un silence de mort régnait dans le village. Les fenêtres des maisons à l'abandon faisaient de gros trous noirs.

Mémé s'exclamait :

– Quel cadre ! Quel calme !

Le château se voyait de loin, perché sur la colline des Cris Sauvages.

En poussant la porte, Mémé se mit à tousser. Elle s'écria :

– Ça sent gentiment le moisi, n'est-ce pas ?

Elle alluma sa lampe de poche.

– Quelle chance ! C'est meublé ! disait-elle en arpentant les immenses salles sombres où ses pas résonnaient.

Elle tomba en arrêt devant une pièce au plancher effondré.

– Là, je mettrai mon coin tricot et mon coin tisane. Le plafond s'écaille au-dessus, mais qu'importe ! Et toi, où t'installes-tu ?

– Je reste près de toi ! dit Charles en se serrant contre sa mémé.

Les premiers temps, rien de bizarre n'arriva vraiment. En faisant son ménage, Mémé Adèle soulevait des tempêtes de poussière et s'emmêlait dans les toiles d'araignée. Elle se sentait de plus en plus alerte.

– L’air de Sainte-Terreur me réussit. À toi aussi, Charles. Tes joues sont roses. Un vrai miracle.

Mais Charles était un peu troublé parce que, de temps en temps, il croyait entendre le parquet ou le lustre grincer.

Un soir, il lui sembla voir une soupière qui se promenait. Il se leva d’un bond et cria :

– Arrière, espèce d’horreur sauvage !

La chose s’évanouit et Charles murmura en secouant Mémé :

– J’ai vu… j’ai entendu quelque chose…

– Sans doute une chauve-souris qui faisait froufrou ! répondit Mémé en se rendormant.

Mais une nuit, brusquement, à minuit pile… le château des Trois Pendues fut secoué comme un panier à salade. Charles et Mémé se redressèrent en entendant l'énorme raffut qui ébranlait les murs. On aurait dit qu'un géant en sabots sautait sur la toiture.

– Ça, c'est du chahut de fantôme, j'en suis sûre ! cria Mémé.

– Ne bouge pas, supplia Charles.

Mais malgré ses supplications, la vieille dame chaussa ses pantoufles et monta dans la tour. D'un seul coup, tout fut calme.

Le pauvre Charles crut que sa mémé était morte. Pourtant elle réapparut, bien vivante.

– Ce n'était que des cloches, dit-elle. Trois simples cloches sur la tour. Le vent a dû les pousser !

– Bien sûr, dit Charles en se forçant à rire. Ce sont elles, les « Trois Pendues ».

Pourtant là-haut, dans la nuit, les cloches s'étaient remises à sonner une mélodie plaintive : « Do do do ré mi ré ».

– C'est drôle, on dirait qu'elles sonnent *Au clair de la lune,* murmura Mémé.

Charles fut un peu rassuré, mais le soir suivant, quel tapage, à nouveau ! Cette fois, des cris montaient de la cave. Des cris si étranges ! On aurait dit des rires de démons… ou des pleurs de bébés.

Mémé déclara avec assurance :

– Bon, je descends !

Quand elle réapparut, si petite dans la pièce immense, elle annonça :

– Ce n'étaient que des chats ! Toute une

tripotée de chats qui se battaient sur un piano édenté ! Dormons maintenant !

Mais quelques secondes plus tard, une petite voix désolée s'éleva de la cave et gémit : « Do do do ré mi ré ».

– *Au clair de la lune*! Encore ! chuchota Charles.

– Les chats qui jouent du piano ? dit Mémé. Ça, oui, c'est un peu bizarre…

Et cette nuit-là, Charles fit d'affreux cauchemars.

3

Charles a peur

Les jours suivants, tout se déroula normalement. Mémé faisait du rangement et Charles nageait dans l'étang. Mais dès que le soir tombait, une apparition semblait gigoter dans l'air.

Une fois, Charles vit une descente de lit qui voltigeait au-dessus des ronces.

Il s'écria :

– Mémé, tu as vu ce truc mité ?

– Non, dit Mémé, mais tout à l'heure il m'a semblé apercevoir un énorme spaghetti qui se tortillait au-dessus de moi.

Elle se tut un instant, puis ajouta tout bas :

– J'ai même entendu des rires.

– Des rires ? Des rires de quoi ? dit Charles en frissonnant.

– Des rires de fantôme… assura Mémé.

Elle devait avoir raison parce que, durant la nuit qui suivit, le chahut reprit de plus belle. Il y eut un charivari de cris, de cloches, de cloches, de cris, en bas, en haut, en haut, en bas. Et chaque fois que le silence revenait, le même petit air, « do do do ré mi ré », se faisait entendre. Ce fut une nuit effroyable. Au matin, Charles avoua :

– Je me sens un peu barbouillé. Si on rentrait chez nous ?

– Comment, Charles, s'écria Mémé, tu vas peut-être avoir l'occasion de rencontrer un vrai fantôme, et tu veux t'en aller ?

Charles gémit :

– Mais… si… s'il nous étranglait ?

– Ne dis pas de bêtises ! dit Mémé. Écoute. Cette nuit même, nous l'attendrons et nous lui demanderons fermement ce qu'il veut. D'accord ?

Charles ne voulait surtout pas que sa mémé le prenne pour un poltron*. Il dit en tremblant :

– D'accord, Mémé.

Toute la journée, Mémé but du thé, et le

* Être poltron, cela veut dire manquer de courage.

soir, elle ne s'endormit pas. Mais, hélas ! le fantôme ne se montra pas. Il n'y eut pas le moindre « atchoum », pas un soupir, rien. Le château était aussi silencieux qu'un tombeau. Dehors, la nuit de pleine lune était vide de tout. Une nuit, deux nuits, trois nuits s'écoulèrent ainsi, minute après minute.

Dans la journée, Charles et Mémé ne tenaient plus debout. Et chaque nuit, ils réfléchissaient à voix basse, serrés l'un contre l'autre :

– Ce maudit revenant doit nous guetter...

Il se tapit sûrement dans un coin sombre, il espère nous terroriser. Mais c'est lui qui finira par déguerpir…

Une nuit, à minuit, Mémé eut une idée :

– Si on chantait son code secret ? Tu sais, l'air de *Au clair de la lune* ?

4

L'apparition

Dans la nuit noire, épaisse comme de la poix*, Mémé chanta d'une voix tremblotante :

– Do do do ré mi ré…

Alors, une voix rauque s'éleva quelque part :

– Je vous demande pardon si je vous donne des émotions. Je suis laid comme un limaçon,

* C'est une matière épaisse comme du goudron.

sans complet ni veston, tout crado et souillon… Désirez-vous mon apparition ?

– Oui… souffla Mémé, tandis que Charles gémissait en se couvrant les yeux :

– Non… oh non…

La voix reprit :

– Je vous avertis, dans le noir, je m'énerve facilement et je fais très peur aux gens. Tenez-vous vraiment à me voir ?

Mémé s'exclama :

– Vous en faites, des chichis ! Dépêchez-vous, que diable !

Alors il apparut, recroquevillé, dans le fauteuil à bascule, entortillé dans une espèce de rideau. Son crâne semblait avoir été astiqué par Mémé et ses yeux étaient creux.

Mémé dit poliment :

– Bonjour !

Le fantôme sourit aimablement comme pour faire admirer ses mille grosses dents.

Charles ne le trouvait pas trop rassurant. Il était trop maigre, et son sourire de chèvre était affreux. Quand il parlait, sa voix crachait comme un vieux poste de radio.

– Autrefois, je fus un poète étrangleur, voilà pourquoi on m'appela Terreur. Mais n'ayez pas peur. Je suis un bon garçon. Appelez-moi Auguste, c'est mon prénom.

Mémé toussota et déclara :

– Je suis très heureuse de faire votre connaissance, Monsieur Auguste. Mais dites-moi... hum... tout ce tapage, la nuit, vous le faites pour nous chasser d'ici ?

Le fantôme bêla de sa voix crachotante :

– Je ne vous chasse pas, oooh non, je vous appelle. Je voudrais vous entendre, alors je vous réveille.

Charles et Mémé se regardèrent. Mémé chuchota :

– On dirait qu'il déraille un peu.

– À mon avis, murmura Charles, il veut nous montrer qu'il est poète et qu'il sait faire des vers.

Mémé s'exclama avec enthousiasme :

– Vous avez un grand talent, Monsieur Terreur. Laissez-moi vous applaudir.

À ces mots, le fantôme sursauta, il bondit sur Mémé en haletant d'une voix caverneuse :

– Crâne, mon vieux crâne, entends-tu ce que j'entends ?

Il criait comme un possédé*, si fort qu'un vase se fracassa et une petite fleur se noya dans sa flaque.

– Par l'enfer et par mes ossements, hurlait le fantôme, je n'en veux pas, de vos applaudissements ! Il me faut l'air, ce fameux air !

* Il criait comme un fou.

– Vous êtes un peu nerveux, dit Mémé. Voulez-vous un cachet ?

Mais comme elle cherchait un médicament, un vent glacé envahit la pièce et le cachet s'envola parmi les draps de lit, les couvertures, les meubles, les bibelots. Le grand osseux tourbillonnait. Il hurlait :

– Votre dernière heure est venue... venuuue dans le château des Trois Penduuues !

Charles agrippa Mémé par la main :
– Cachons-nous !

Mais le fantôme ricanant étira ses bras immenses devant eux pour leur barrer la route. Puis il se glissa vers la vieille dame et, comme dans un film d'épouvante, ses deux longues mains se tendirent vers son cou.

Mémé hurla :

– Arrière, grand fou furieux ! Ôtez vos

doigts crochus, mal élevé ! Charles, donne-moi une idée ! Je ne sais plus que faire !

Charles balbutia :

– Oh, Mémé… tu ne peux pas l'assommer ni… te cacher, ni… ni l'emprisonner ! Comment s'y prend-on, avec un fantôme ?

Soudain, une idée lui vint :

– Chante, Mémé !

– Quoi ?

– Chante, criait Charles, « do do do ré mi ré… »

– Vraiment ? dit Mémé. Tu… tu crois…?

Mais le fantôme s'était immobilisé et Mémé reprit son sang-froid. Elle entonna, de sa voix fluette et tremblée :

– « Au clair de la lune… »

Ô miracle, le fantôme ballottait de la tête comme un vieux bébé. Mémé s'interrompit.

– Vous ne voudriez pas quelque chose de moins enfantin ? Vous avez plus de cent cinquante ans, tout de même ! À votre âge…

Mais Terreur ouvrit une énorme bouche noire, et Mémé reprit vite :

– D'accord… mais cette chanson est si connue. Permettez-moi au moins d'en changer les paroles.

Et elle improvisa :

« Quand la lune ulule,
Les fantômes noirs
Claquent des rotules
Et crient dans le soir.
Parmi nous ondulent
Des êtres hideux
Avec de gros rires
Et des yeux crayeux. »

Le fantôme s'était mis à flotter doucement. Quand Mémé eut fini, il planait dans les airs, comme un nuage.

5

Adieu, Terreur

Le corps du fantôme s'effaça peu à peu, et on entendit sa voix, un peu lointaine :

– Autrefois, il y a bien longtemps, chaque soir cet air m'était chanté par ma maman. Je voulais l'entendre une fois encore, avant de m'endormir du grand sommeil de la mort.

Voilà pourquoi j'ai passé mon annonce dans le journal. Hélas ! chaque fois que quelqu'un me voyait, il fuyait ou mourait de peur ! J'avais beau me cacher, réveiller mes visiteurs avec de jolis bruits de chats ou de cloches, personne ne voulait me chanter ma chanson. Charles, Mémé, vous seuls avez su m'apporter la paix.

Terreur semblait fondre dans l'air. Il était devenu maigre comme un vermisseau*. Sa voix semblait venir d'ailleurs :

– Merci, dit-il, merci Mémé, d'avoir chanté ma chanson de votre voix si grêle.

– Ma voix grêle ? protesta Mémé. Il veut dire belle, je suppose.

– Chut… écoute… murmura Charles.

– Adieu, reprit Terreur en un dernier souffle. Je m'en vais pour l'éternité.

* C'est un petit ver.

Mémé cligna des yeux, ajusta ses lunettes. Charles regarda autour de lui. Le fantôme avait disparu, avalé tout cru par la nuit.

Charles et Mémé restèrent un moment silencieux. Bientôt le soleil éclaboussa les vitres et l'étang fut tout chaud.

6

Merveilleuse annonce

Quand les habitants de Sainte-Terreur apprirent l'exploit de Charles et de Mémé, ils regagnèrent les maisons qu'ils avaient abandonnées depuis si longtemps. Et ils voulurent leur donner le château en récompense. Mémé leur répondit :

– Mesdames, Messieurs, je vous remercie beaucoup, je ne veux pas de votre château. En vérité, quand il était hanté, il nous intéressait beaucoup, mon petit-fils et moi. Nos vacances à Sainte-Terreur resteront inoubliables. Mais maintenant, dans toutes ces pièces immenses, que faire sinon du ménage, et encore du ménage, sans compter les réparations. Ne vous vexez pas, mais je préfère mon petit studio. Mon petit-fils aussi.

Charles acquiesça.

Une semaine plus tard, Mémé préparait un gâteau au chocolat dans sa petite cuisine quand Charles lui cria :

– Mémé ! Je viens de lire une merveilleuse annonce dans le journal, écoute !

Offre exceptionnelle !
Phare isolé en pleine mer,
location gratuite et sans limite.
Vue magnifique.
Attention ! Monstre marin signalé dans les parages.
Peureux et cardiaques s'abstenir…

Dans la même collection
J'aime lire

UN DIABLE AU GARAGE GROG

Pour s'amuser, un diable sème le désordre dans la ville. Tout le monde est agacé par ses diableries. Hector, un jeune mécanicien très malin, découvre la cachette du diable et lui vole ses cornes. Mais le diable a plus d'un tour dans son sac, Hector aussi.

Une histoire écrite par Évelyne Reberg et illustrée par Michel Guiré-Vaka.

LA CHARABIOLE

Petites lunettes, cartable ciré : Quentin Corbillon est un élève modèle. Il sait tout, il a 20 en tout, et il révise même ses leçons pendant les récréations. Bien sûr, la maîtresse le chouchoute... Jusqu'au cours de mathématiques où Quentin répond que les triangles ce sont des « chioukamards à gloupions... ». Depuis ce jour-là, Quentin ne parle plus que dans un incroyable charabia que personne ne comprend. Professeurs, parents, docteurs, tout le monde s'affole. Comment guérir Quentin de cette drôle de maladie ?

Une histoire écrite par Fanny Joly et illustrée par Claude et Denise Millet.

LE BOULANGER DE ROC-NOIR

Il y a deux siècles, sur l'île de Roc-Noir, Isabelle, la petite orpheline, construit une cabane dans les dunes avec ses amis... Une cabane si réussie qu'ils décident même d'y dormir. Mais Daniel, le fils du boulanger, vient les avertir qu'un fantôme à la tête coupée rôde la nuit sur la plage, au pied de la citadelle où le redoutable gouverneur de l'île tient enfermés ses prisonniers. Seule Isabelle se sent prête à affronter le danger...

Une histoire écrite par Guy Jimenes et illustrée par Yves Beaujard.

LE ROYAUME DES DEVINETTES

Obo est un garçon si laid que personne ne veut l'aimer. Mais il joue si bien de la flûte qu'un vieillard le met au défi de délivrer Or, la divine princesse prisonnière du roi Riorim. Ce roi, mi-homme mi-crapaud monstrueux, coupe la tête de tous ceux qui ne savent pas répondre à ses terribles devinettes... Heureusement, sous la laideur d'Obo se cache une grande intelligence. Et dans sa poche, il a sa flûte...

Une histoire écrite par Évelyne Reberg et illustrée par Mette Ivers.

Dans la série ***J'aime lire*** *de Bayard Poche, il y a plein de livres que tu vas adorer !*

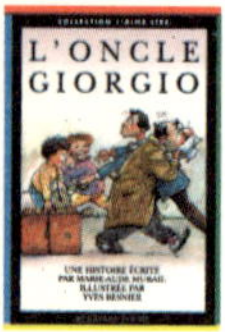

Des livres d'humour

***L'oncle Giorgio* (JL 10)**

L'oncle Giorgio est allergique aux enfants. Catastrophe, il est obligé de recevoir son neveu et sa nièce !

Écrit par Marie-Aude Murail et illustré par Yves Besnier.

Des livres fantastiques

***La bibliothèque ensorcelée* (JL 35)**

Ce vendredi 13, Aurore Coquille, la bibliothécaire, ne se doute pas que le livre qu'on lui demande va l'entraîner dans une véritable chasse aux sorcières.

Écrit par Évelyne Reberg et illustré par Maurice Rosy.

Des livres frissonnants

***Le mot interdit* (JL 6)**

Pas de mot se terminant en « eur ». C'est la règle du jeu. Un jeu qui peut devenir dangereux pour Thierry.

Écrit par Nicolas de Hirsching et illustré par Jean Claverie.

Des livres d'aventure

***C'est la vie, Julie* (JL 1)**

Ce matin, tout va mal, et Julie est loin de se douter qu'elle sera ce jour-là l'héroïne de folles aventures !

Écrit par Évelyne Reberg et illustré par Boiry.

Et n'oublie pas, dès 9/10 ans, les séries Je bouquine et Chair de poule !

Tous les mois, la lecture plaisir avec le magazine de ton choix

J'Aime Lire
Dès 7 ans.
Gourmand de lecture ? Dévore chaque mois dans ***J'Aime Lire,*** *un vrai roman inédit, croque les jeux de Bonnemine et savoure l'irrésistible BD de Tom-Tom et Nana.*

Astrapi
Dès 7 ans.
Lis, ris et grandis avec ***Astrapi !*** *Pour tout comprendre, ses « petits savoirs » te disent tout sur les sciences, la nature, l'histoire et la santé... Et avec ses BD, jeux, bricolages, actualités, Astrapi, c'est garanti sans ennui !*

Images Doc
Dès 8 ans.
Passionné de découvertes ? Pars avec ***Images Doc*** *à la rencontre des richesses du monde à travers de superbes documents-photos sur les animaux, l'histoire, la géographie, les sciences...*

Si tu veux recevoir un magazine en cadeau ou t'abonner, tél. : 16 1 44 21 60 00

Achevé d'imprimer en Mai 2000 par OBERTHUR Graphique
35000 RENNES - N° 3030
Dépôt légal : Mai 1995 - N° Editeur : 6149
Imprimé en France